ESTE LIVRO PERTENCE À...

....

IBC – INSTITUTO BRASILEIRO DE CULTURA LTDA
CNPJ 04.207.648/0001-94
Avenida Juruá, 762 – Alphaville Industrial
CEP. 06455-010 – Barueri/SP
www.editoraonline.com.br

Presidente: Paulo Roberto Houch
MTB 0083982/SP

Coordenação editorial: Priscilla Sipans
Redator estagiário: Gabriel Ćol
(redacao@editoraonline.com.br)
Programadora Visual: Evelin Cristine Ribeiro
Vendas: Tel.: (11) 3393-7727 (comercial2@editoraonline.com.br)
Imagens: shutterstock

Todos os direitos reservados.

3ª Impressão | 2024

Novas folhas, novas flores, na infinita bênção do recomeço.

Chico Xavier, médium brasileiro.

Todos os dias eu encontrei algo para ser grata, e isso foi uma lição valiosa.

Alice Barrett, atriz estadunidense.

A morte não é inimiga, mas a fundação da gratidão, simpatia e arte. De todos os prazeres, apenas o amor não tem dívidas com a morte.

Anita Diament, escritora estadunidense.

Ser feliz é encontrar força no perdão, esperança nas batalhas, segurança no palco do medo, amor nos desencontros. É agradecer a Deus cada minuto pelo milagre da vida.

Fernando Pessoa,
poeta e filósofo português.

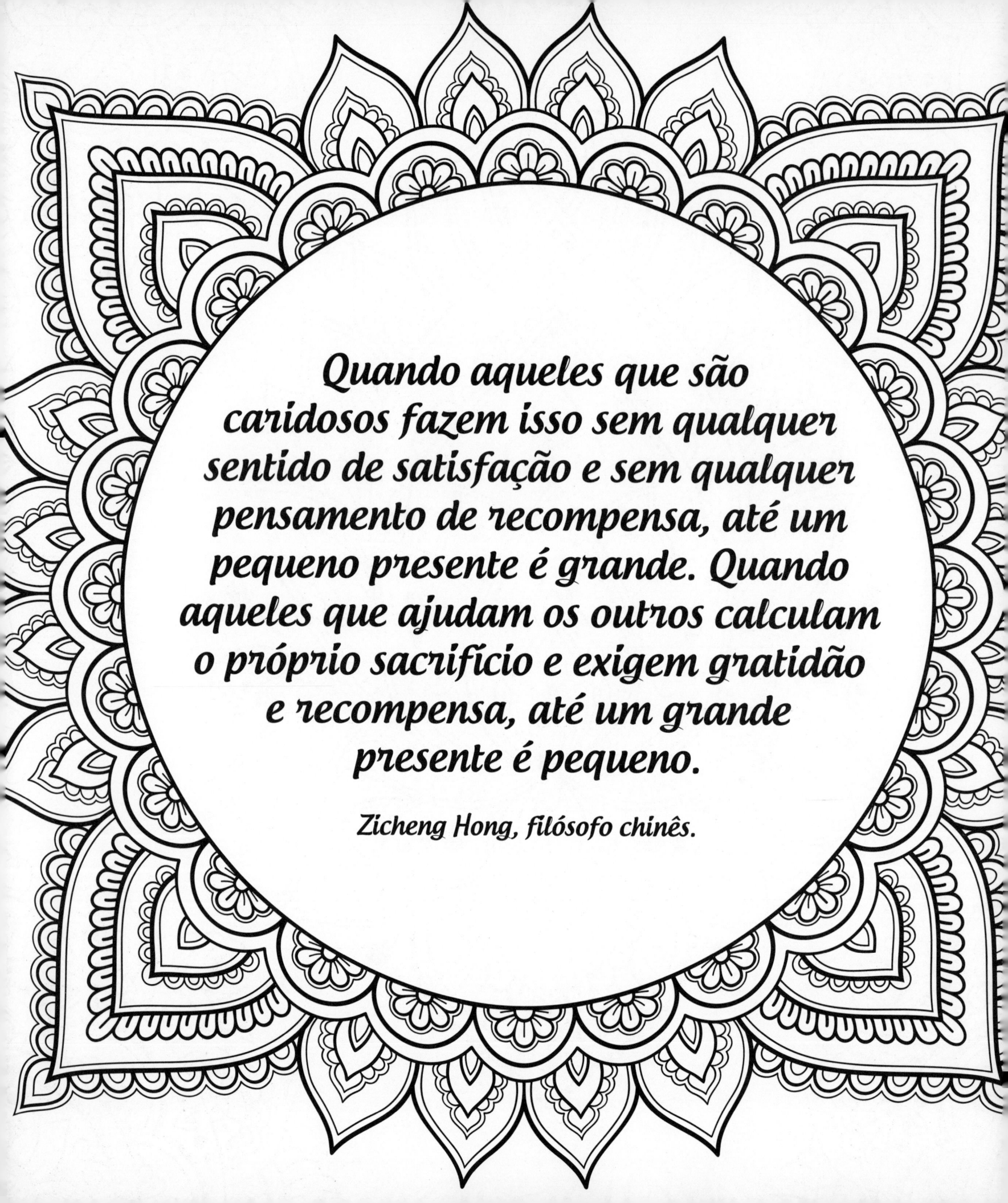

Quando aqueles que são caridosos fazem isso sem qualquer sentido de satisfação e sem qualquer pensamento de recompensa, até um pequeno presente é grande. Quando aqueles que ajudam os outros calculam o próprio sacrifício e exigem gratidão e recompensa, até um grande presente é pequeno.

Zicheng Hong, filósofo chinês.

O coração é sempre o lugar para ir. Vá para o lar em seu coração onde há calor, apreciação, gratidão e contentamento.

Ayya Khema, monja budista alemã.

Tudo o que contemplamos é cheio de bençãos.

William Wordsworth, poeta inglês.

Aceite períodos de sofrimento com muita gratidão, sabendo que o sofrimento pode dar lições muito importantes.

Barbara Ann Kipfer, linguista estadunidense.

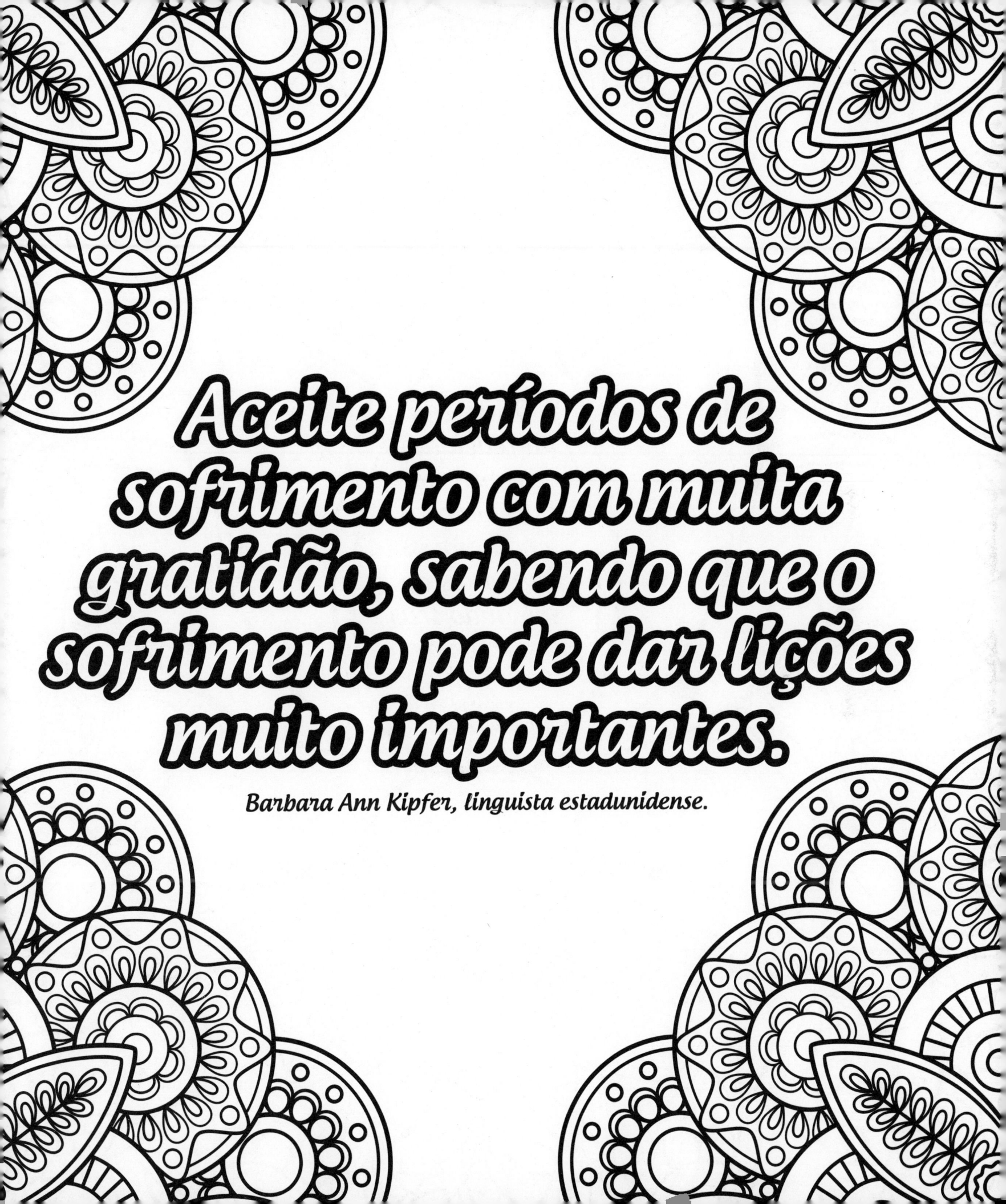

O bom ou ruim não está na circunstância, mas na mente que o encontra.

William James, filósofo e psicólogo estadunidense.

Você não pode segurar uma boa risada mais do que a maré. Ambos são forças da natureza.

William Rotsler, artista estadunidense.

O homem grato sempre oferece cortesia. O ingrato, apenas quando ele precisa.

Ben Jonson,
dramaturgo e ator inglês.

Gratidão é uma qualidade similar à eletricidade, ela deve ser produzida, descarregada e usada para que possa existir.

William Faulkner, escritor estadunidense.

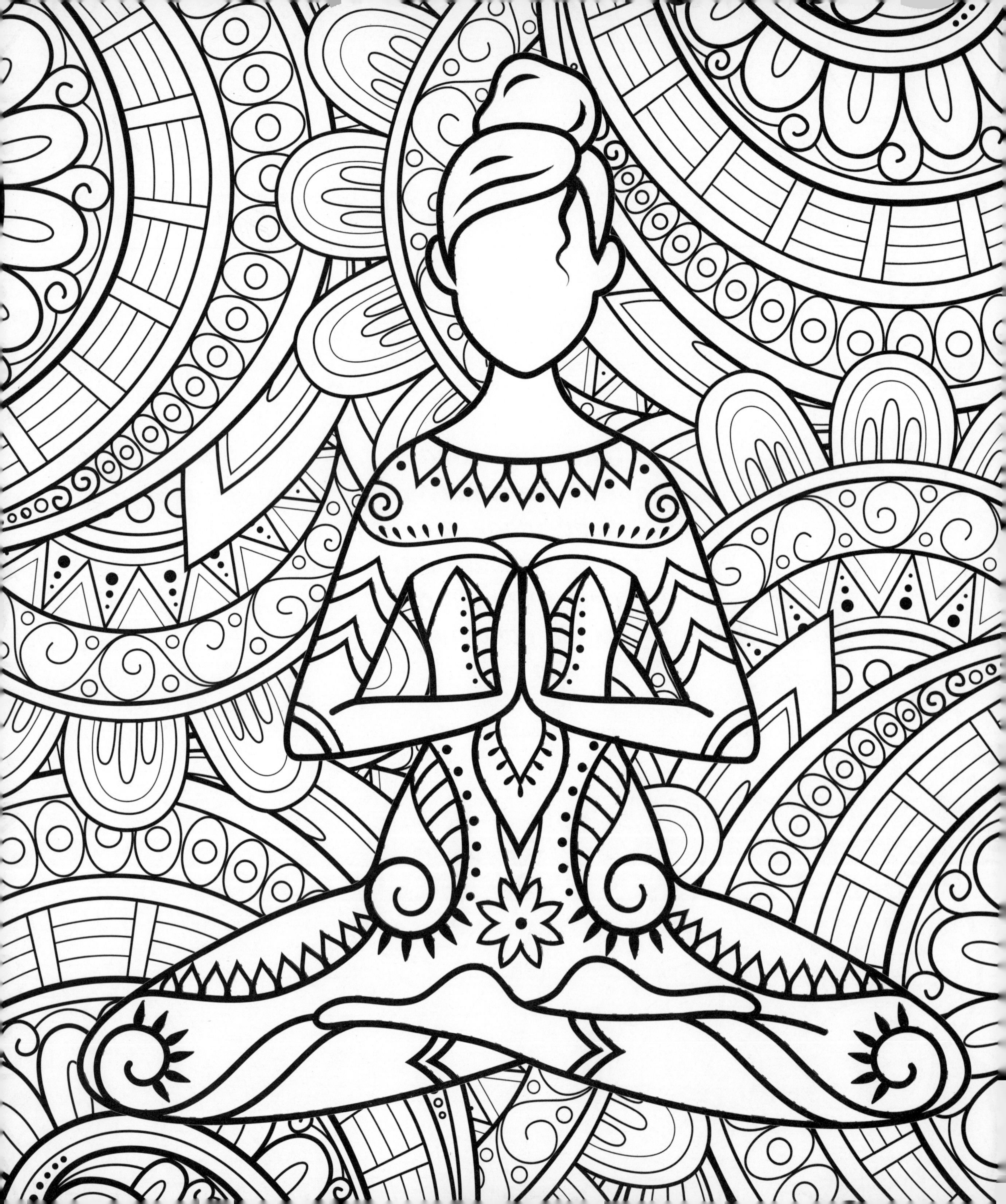

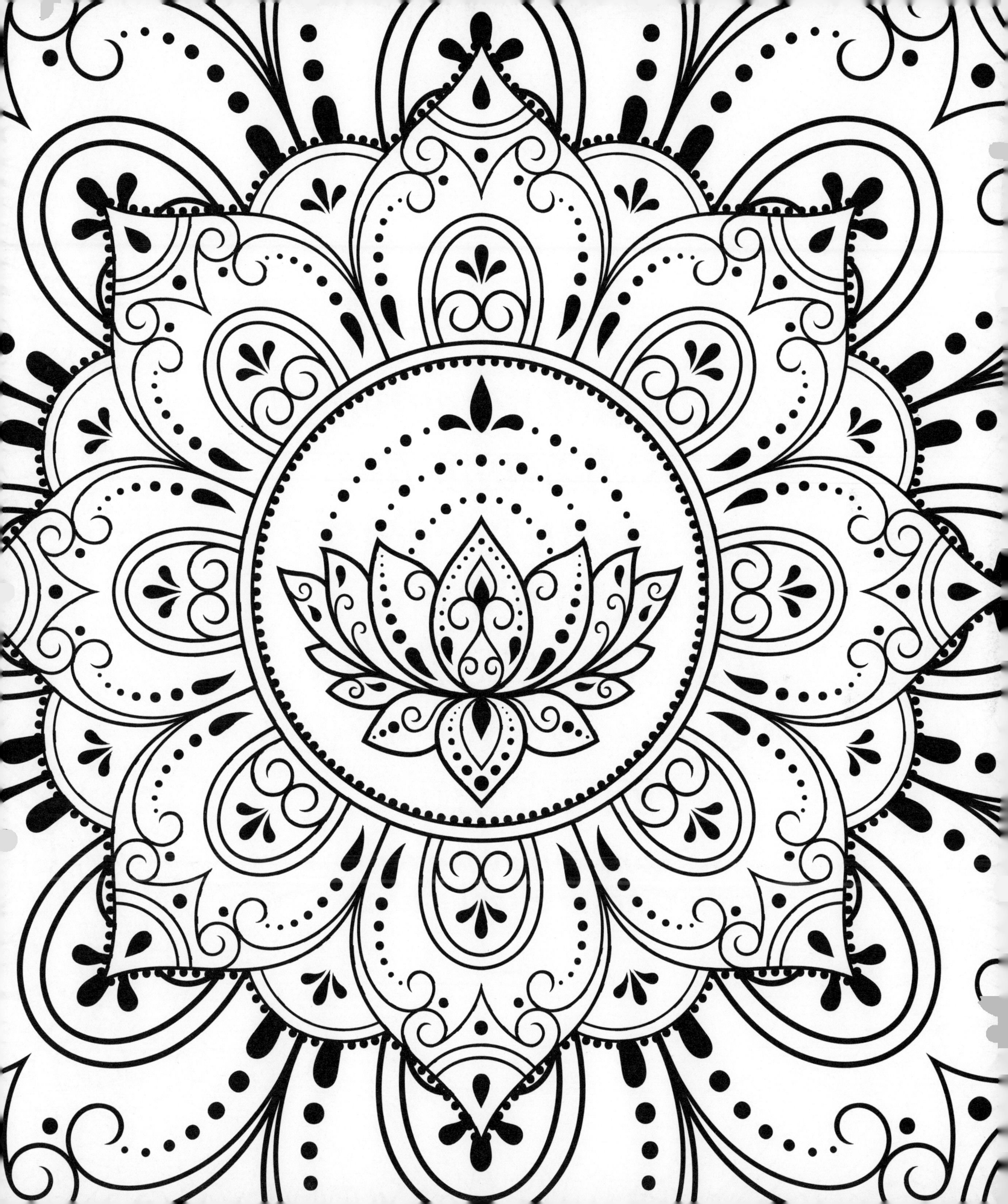

A felicidade não depende do que temos, mas de como nos sentimos em relação ao que temos. Podemos ser felizes com pouco e miseráveis com muito.

William D. Hoard, político e jornalista estadunidense.

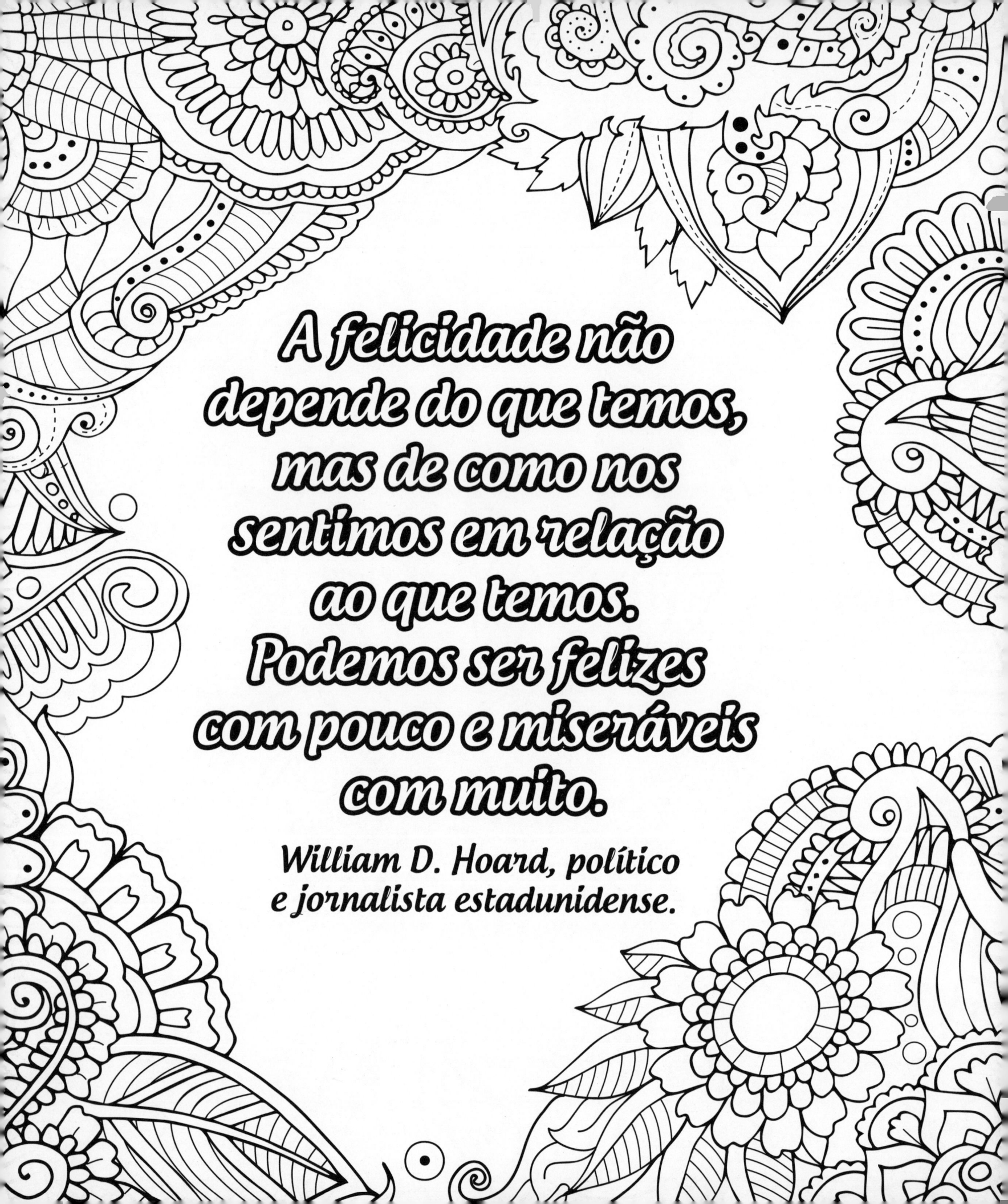

Quando o poço está seco as pessoas sabem o valor da água.

Benjamin Franklin, cientista e político estadunidense.

O colhedor grato tem uma colheita abundante.

William Blake, pintor inglês.

Deus te presenteou com 86,400 segundos hoje, você já usou um para dizer "obrigado"?

William Arthur Ward, escritor e pastor estadunidense.

Gratidão é o solo em que a alegria prospera.

Bertold Auerbach, filólogo e crítico literário alemão.

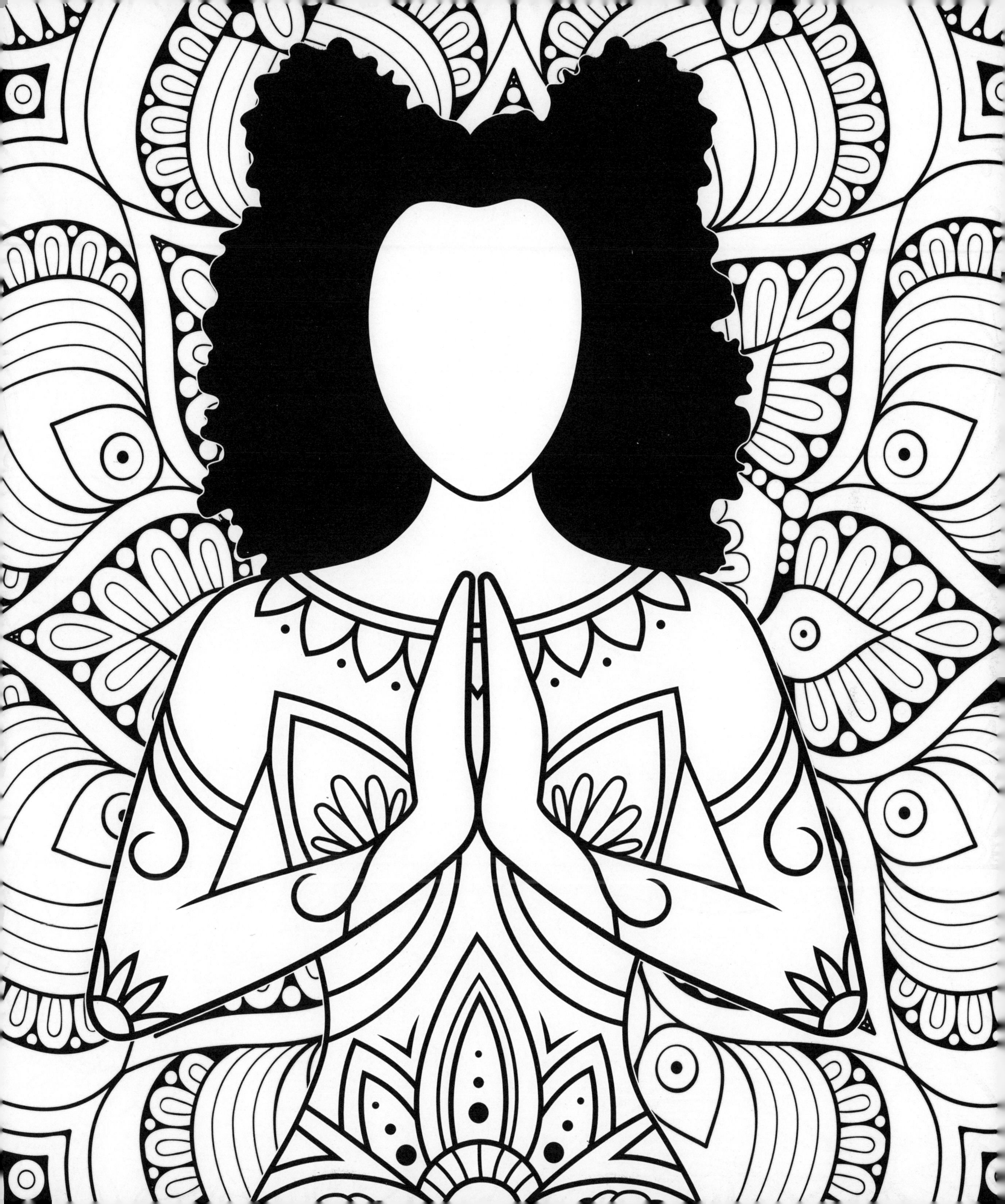

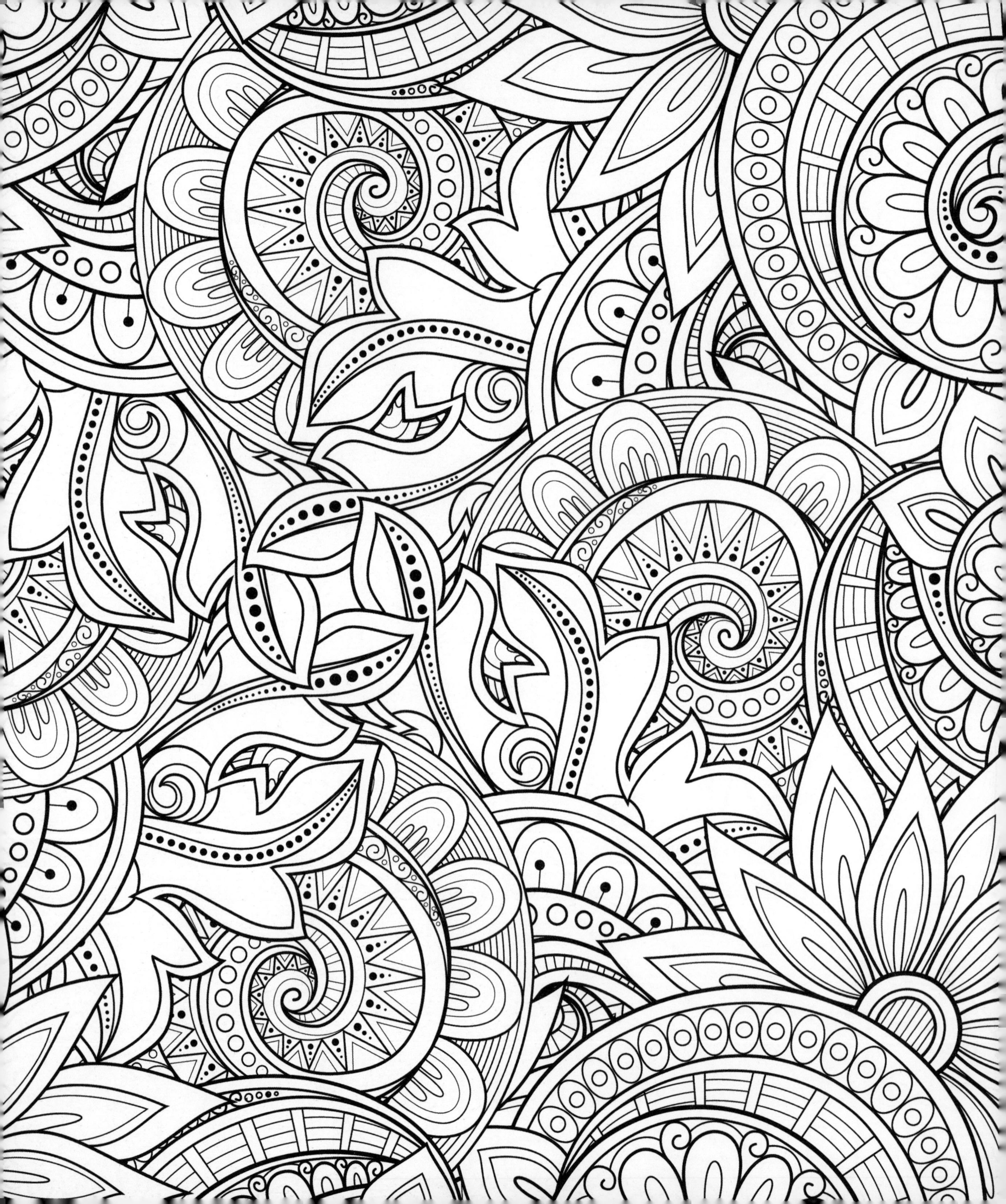

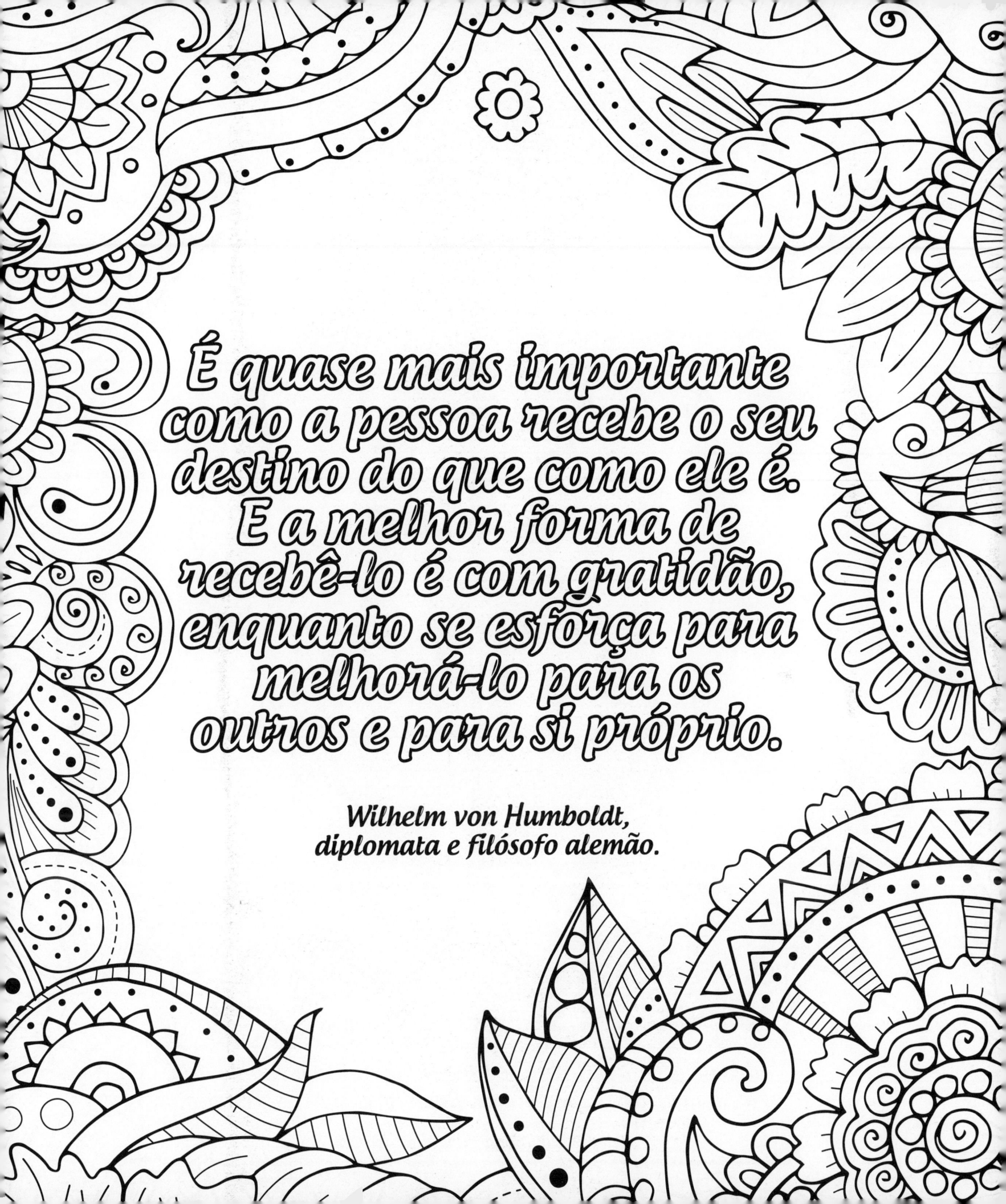

É quase mais importante como a pessoa recebe o seu destino do que como ele é. E a melhor forma de recebê-lo é com gratidão, enquanto se esforça para melhorá-lo para os outros e para si próprio.

Wilhelm von Humboldt,
diplomata e filósofo alemão.

Antes de dar, o coração se alegra; durante o ato de dar, ele se purifica; e, depois de dar, ele se sente satisfeito.

Buddha, o Iluminado, fundador do budismo.

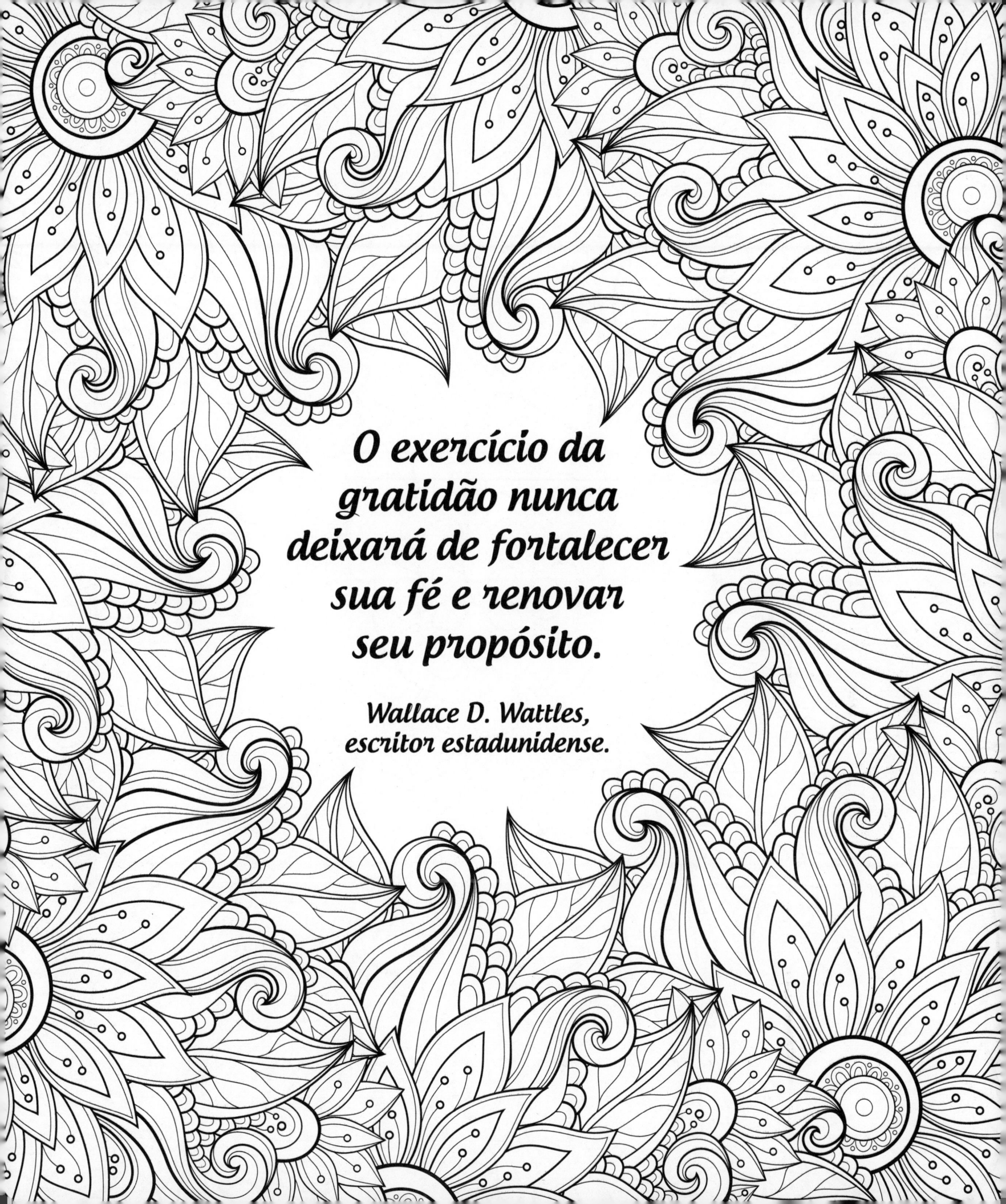

O exercício da gratidão nunca deixará de fortalecer sua fé e renovar seu propósito.

Wallace D. Wattles, escritor estadunidense.

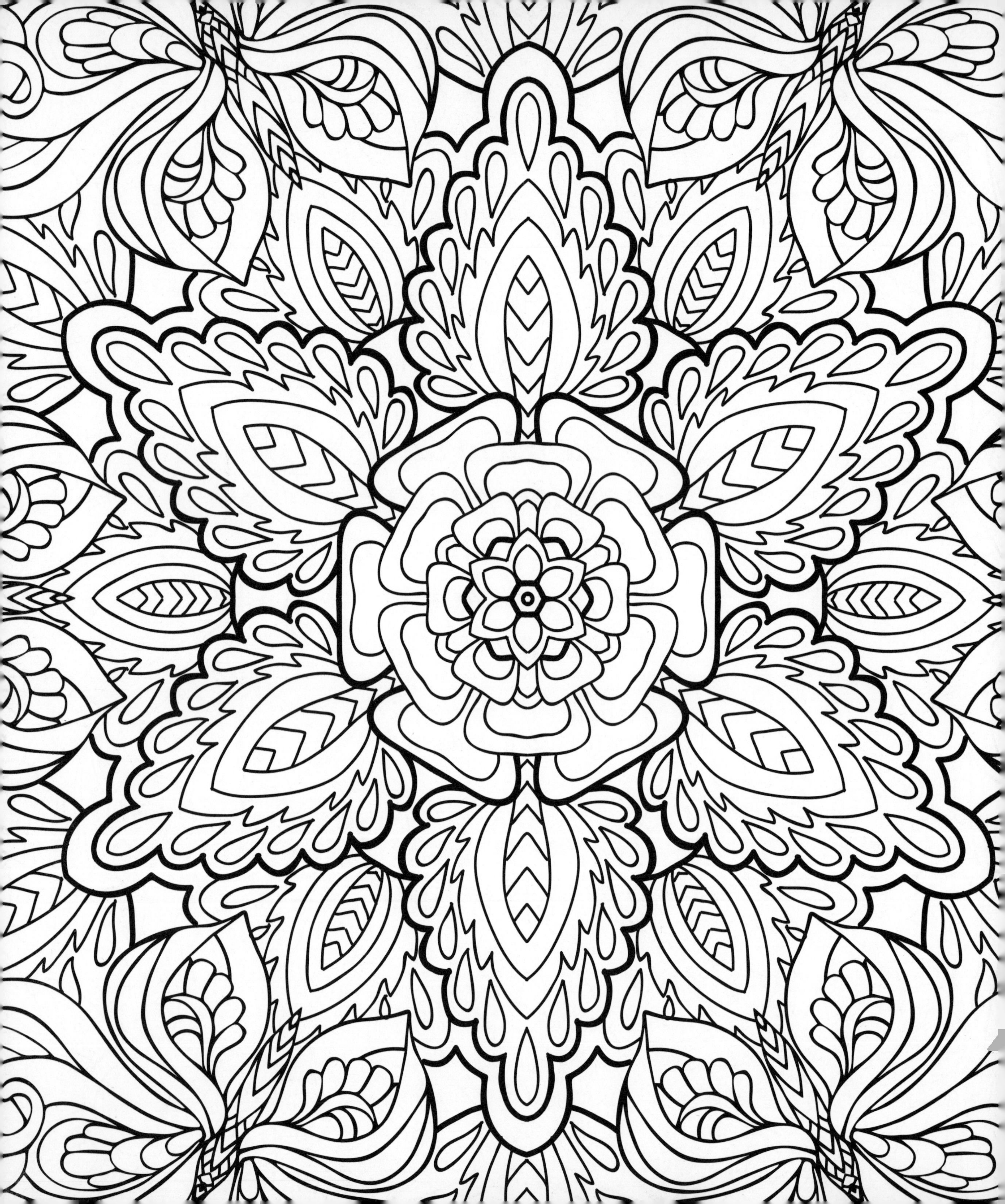

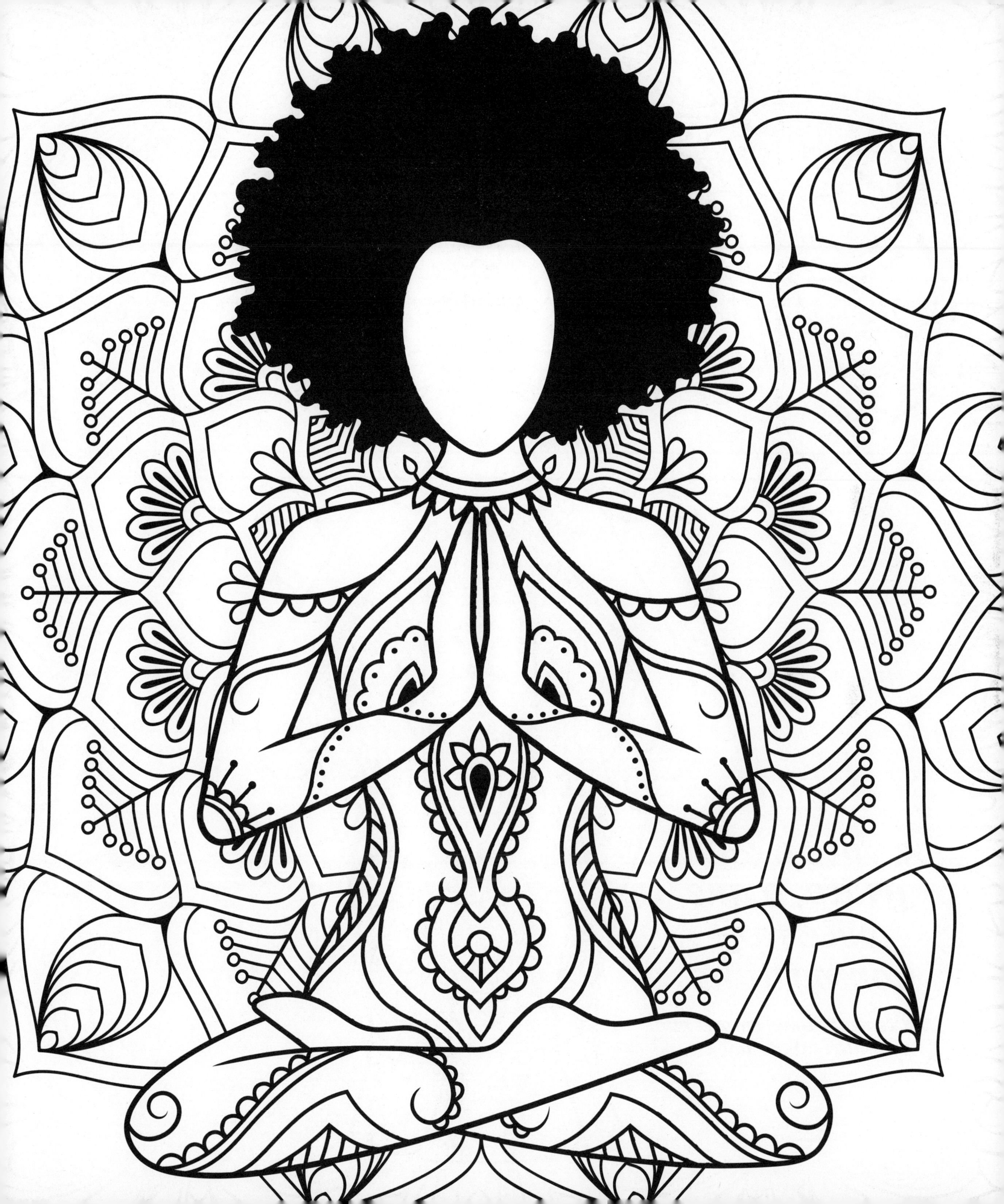

Se você é muito grato, o que você faz? Compartilha.

W. Clement Stone, empresário e escritor estadunidense.

Apreciação é uma coisa maravilhosa: faz o que é excelente nos outros pertencer a nós também.

Voltaire, filósofo e escritor francês.

Seu nível de gratidão determina seu nível de felicidade, bem como seu potencial para o sucesso. É difícil ser feliz sem gratidão.

Bob Burg, escritor estadunidense.

Desenvolva uma "atitude de gratidão". Agradeça a todos que encontrar por tudo que fizeram por você.

Brian Tracy, palestrante e escritor canadense.

Sem gratidão e apreciação pelo que já tem, você nunca vai conhecer realização verdadeira.

Tony Robbins, palestrante e escritor estadunidense.

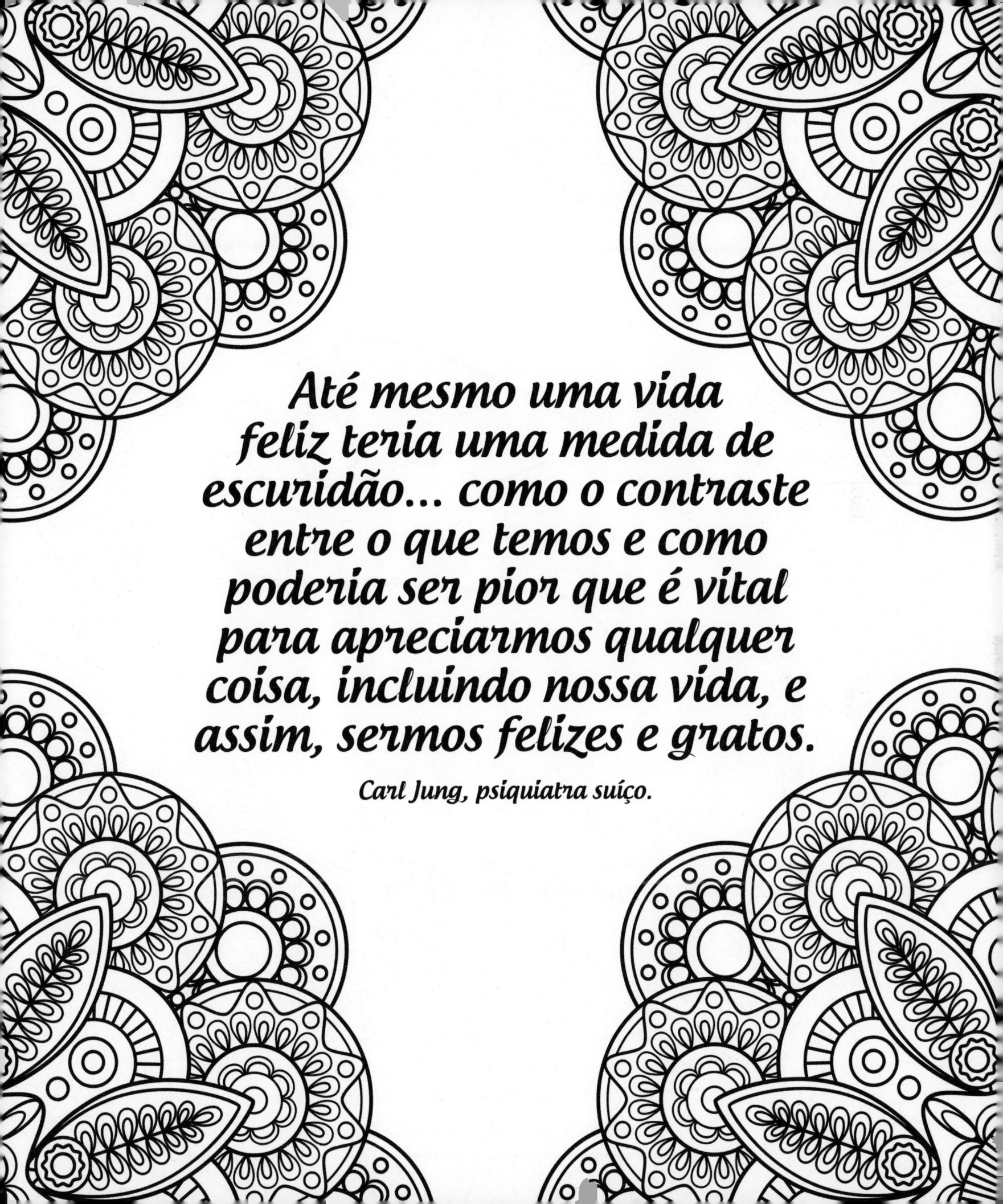

Até mesmo uma vida feliz teria uma medida de escuridão... como o contraste entre o que temos e como poderia ser pior que é vital para apreciarmos qualquer coisa, incluindo nossa vida, e assim, sermos felizes e gratos.

Carl Jung, psiquiatra suíço.

Só podemos ser ditos como vivos quando nossos corações têm consciência dos nossos tesouros.

Thornton Wilder, arqueólogo e escritor estadunidense.

Muitos de nós têm dificuldade em colocar amor ou gratidão em palavras, mas tenha em mente que as ações sempre revelam nossos sentimentos. Sempre.

Cassandra King, escritora estadunidense.

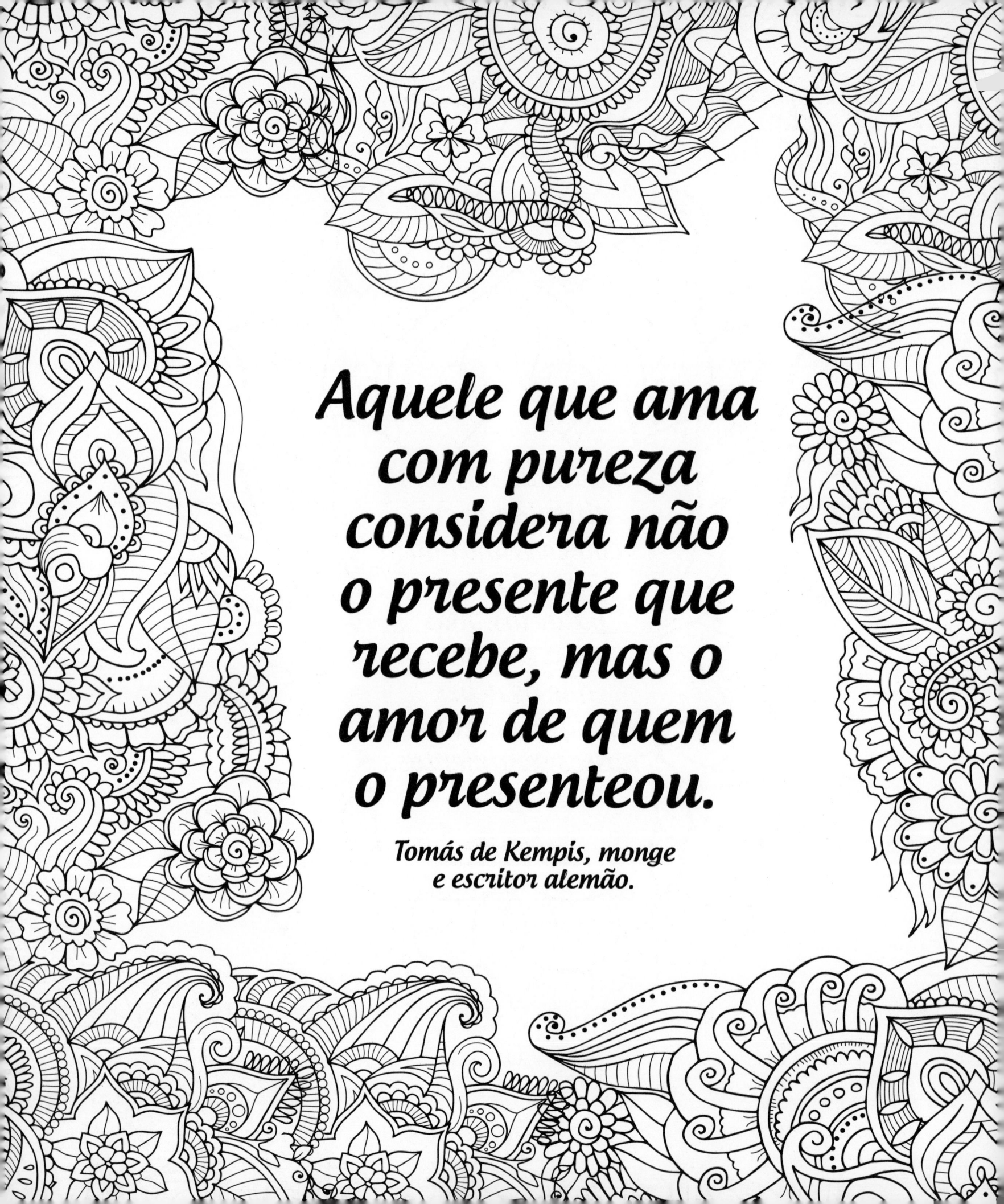

Aquele que ama com pureza considera não o presente que recebe, mas o amor de quem o presenteou.

Tomás de Kempis, monge e escritor alemão.

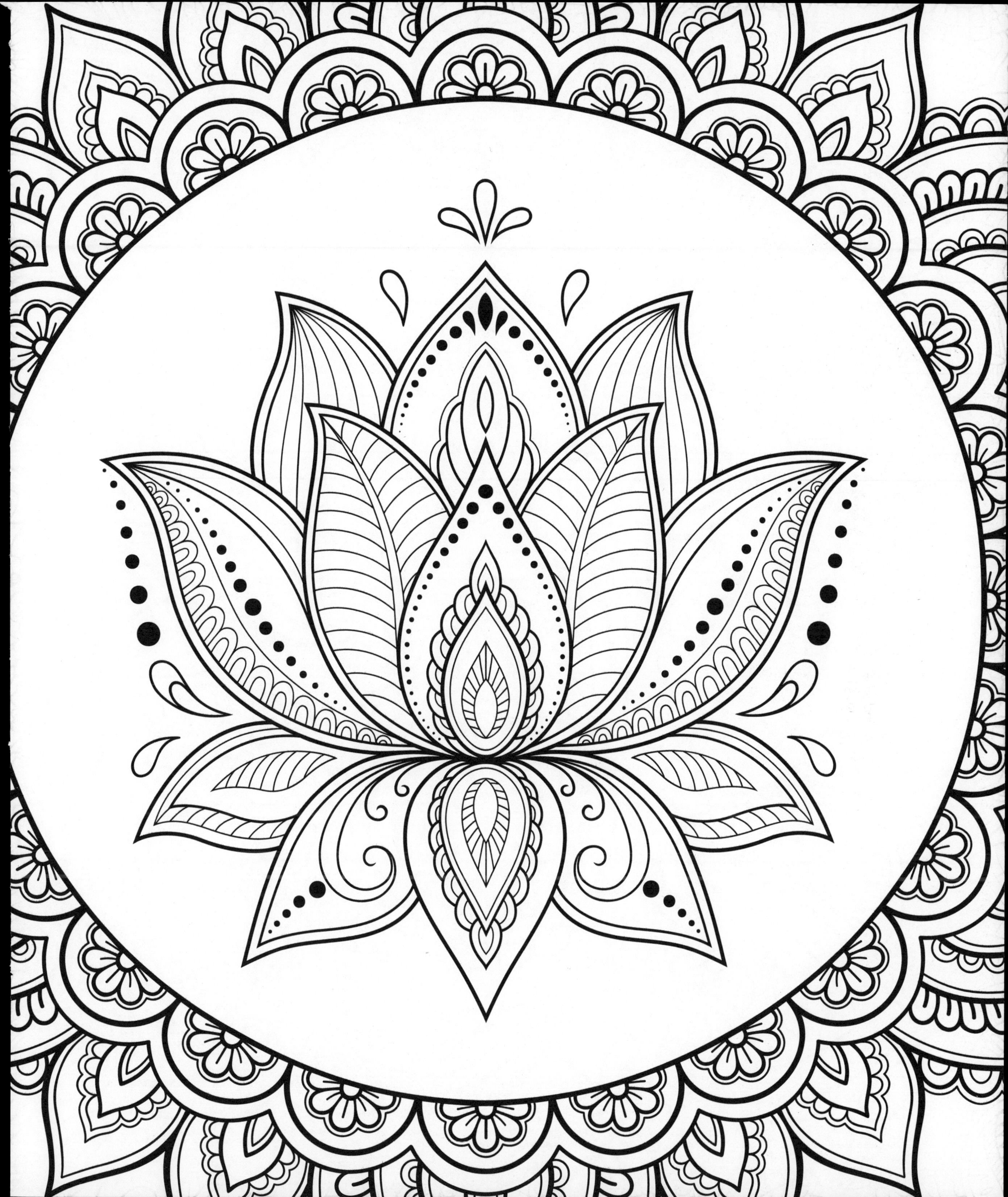

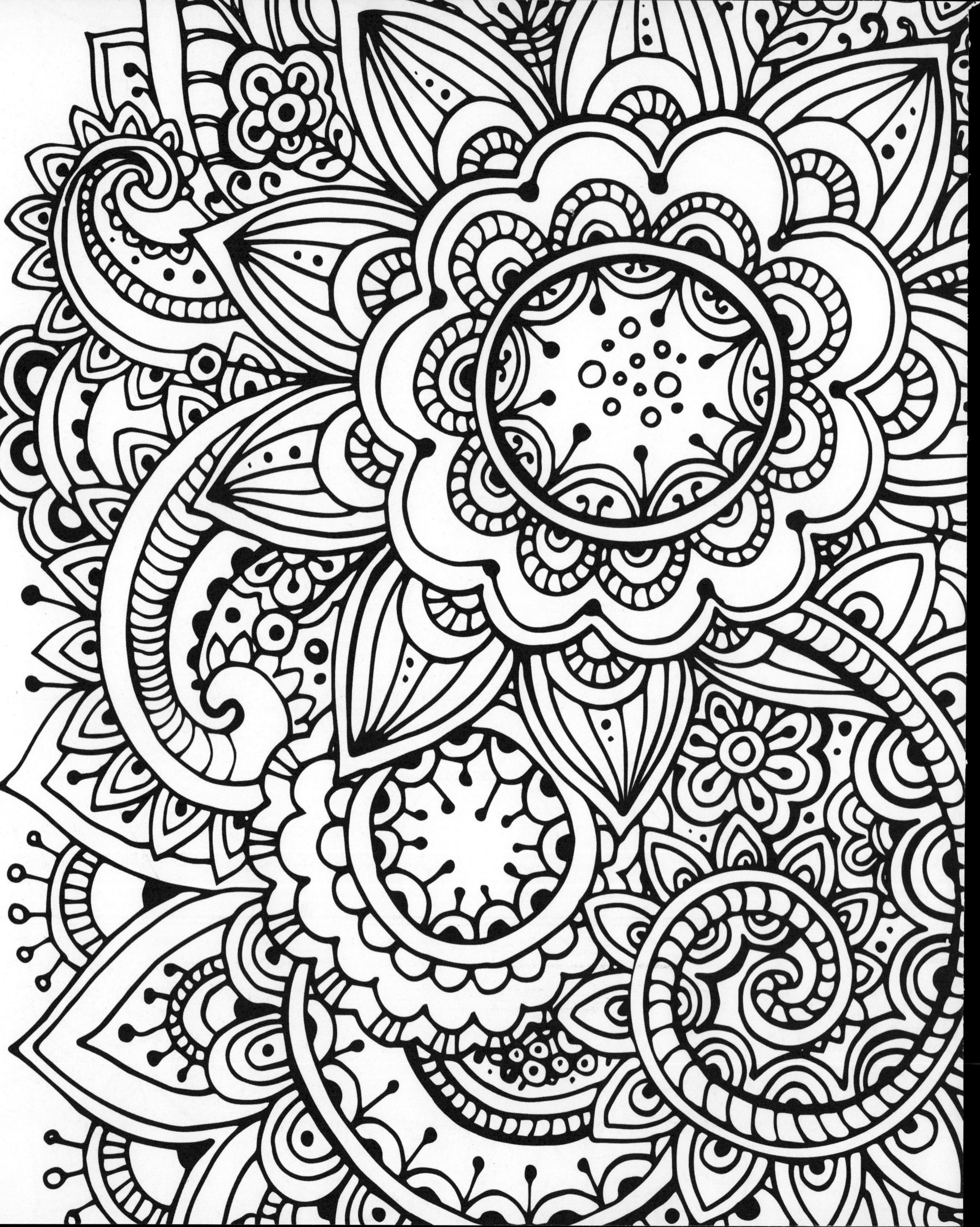